職業・家庭

たのしい家庭科
わたしのくらしに生かす

編著　全国特別支援教育・知的障害教育研究会

もくじ

1 家庭科で 何を学習するの？ ……………………………………… 4
   1 中学生に なって   2 自分の 将来を 考えよう
   3 自立と 衣食住の 大切さ   4 3年間で 身につけたいこと

2 家庭で 自分の役割を 持とう！ ……………………………………… 8
   1 自分の 一日の 過ごし方   2 自分が している 家庭の 仕事
   3 家庭の 仕事と 役割   4 「ありがとう」を 伝えよう

3 いろいろな お店を 知ろう！ ……………………………………… 12
   1 何の お店？   2 だれが はたらいているかな？
   3 町探検を しよう   4 お店 調べを しよう
   5 いろいろな 人に 見てもらおう

4 衣服を きれいにしよう！ ……………………………………… 16
   1 きれいな 衣服   2 衣服の 手入れ
   3 ハンカチの アイロンかけに 挑戦！

5 洗たく 名人に なろう！ ……………………………………… 20
   1 洗たく機   2 洗たく機を 使ってみよう
   3 しあがりを 見てみよう

6 布の 小物を つくろう！ ……………………………………… 24
   1 布で できている 物   2 小物づくりの 準備
   3 ポケットティッシュケースを つくろう   4 プレゼントを おくろう

7 バランスのよい 食事をしよう！ ……………………………………… 28
   1 食事の 役割   2 栄養を 学ぼう
   3 野菜や 果物を 食べよう   4 食品の 安全な 保存

8 ピザパーティーを 開こう！ ……………………………………… 32
   1 おいしいピザ   2 ピザ生地を つくろう
   3 ピザを つくろう   4 パーティーを 開こう

9 じょうずな 買い物を しよう！ ……………………………………… 36
   1 買い物を 楽しもう   2 じょうずな 買い物を するために
   3 よくて 安い物を 買うためには？   4 買う前に 相談しよう

10 お店で 実習をしよう！ ……… 40
1 スーパーマーケットで 実習をする　2 実習の 内容
3 実習で 大切なこと　4 活動を 発表しよう

11 高齢の方と お話ししよう！ ……… 44
1 高齢者って どんな人？　2 高齢者が 集まる施設に 出かけよう
3 話したり, 遊んだり しよう　4 訪問を ふり返って

12 カレーライスを つくろう！ ……… 48
1 日本の カレー　2 カレーライスの つくり方
3 カレーライスを みんなで 食べよう

13 小さな 子どもと 遊ぼう！ ……… 52
1 自分の 成長を ふり返ろう　2 子どもの 成長
3 子どもとの ふれ合い　4 体験したことを ふり返ろう

14 おしゃれを しよう！ ……… 56
1 身だしなみを 整えよう　2 おしゃれの 基本
3 どんなとき, どんな服装をする？　4 おしゃれを 楽しもう

15 自分の 将来を 考えよう！ ……… 60
1 将来の 夢や 目標　2 はたらく 自分
3 キャリアマップ　4 自分の 将来について 発表する

マークに気をつけて学ぼう

学習のめあて　その学習項目で, 身につけたい目標を確認するところ。

学習のふり返り　学習をふり返って, できるようになったことを確認するところ。

🟢**安全**　けがや事故を防ぐために, 気をつけるポイント。

🟠**注意**　作業をじょうずに進めるために注意するポイント。

1 家庭科で 何を 学習するの？

学習のめあて
・自分の 成長や 将来について 考える。
・家庭科の 学習内容を 知る。

乳児期　幼児期　児童期　中学生

1 中学生に なって

　中学生に なったばかりの みなさんも，やがては大人（社会人）になります。中学校は，大人（社会人）になるための 準備をする 時期です。大人になるとはたらいて 生活をするように なります。
　将来，はたらいて 人の役に立ち 自分らしく 生活を楽しめる 大人（社会人）に なるために，これから自分でできることを ふやしていきましょう。

2 自分の 将来を 考えよう

　学級の 友だちと，将来に ついて 話し合って みましょう。

将来は どんな職業につきたい？

花屋さん

パン屋さん

調理する人

お店の店員

ビルを清掃する人

野菜を栽培する農家の人

３ 自立と 衣食住の 大切さ

生活に 生かそう

　中学校の 家庭科では，おもに「衣服」「食事」「住居」に関することを 学習します。自立に向かって，学んだことを 日常の 生活の中に生かし，自分自身でしようと努力することは 大切なことです。

＜これから学ぶ内容＞

衣服とその着方	食事や調理	住まいやくらし方
清潔な 衣服 洗たく アイロンかけ ボタンつけ ぬい物 身だしなみ （例）	調理 （カレーライス・ピザづくり） 食品の 保管	住まいの 清掃 住まいの 管理 買い物
洗たく物干し	配膳 冷蔵庫の整理	家の掃除 買い物

4 3年間で 身につけたいこと

　中学校の 家庭科で 学習する「衣服」「食事」「住居」の内容が わかりましたか。

　はたらいて 生活する 大人に なるために，自分の 生活や 行動を ふり返り，これから がんばりたいことや のばしたいことを 下の記入欄に 書きましょう。

学習のふり返り

★自分の 成長や 将来について 考えましたか。
★家庭科の 学習内容が わかりましたか。
□衣食住の中から，おもしろそうだと 思ったことは，何ですか。
●
●

家庭科で 何を 学習するの？

2 家庭で 自分の役割を 持とう！

学習のめあて
・家庭に どのような 仕事が あるか わかる。
・自分の 役割を 持つ。

1 自分の 一日の 過ごし方

　自分が 一日，どのようなことをしているか，思い出して みましょう。
　自分の 一日の 過ごし方（時間）を 右上の表へ 記入して，下の4つの記号を 入れてみましょう。

○　食事・睡眠・トイレなど 生活に 必要な 時間
＊　すきなことをする 自由時間
●　自分と 家族のために 家庭の 仕事をする 時間
■　学習する 時間

＜自分の一日の過ごし方＞

時間	6時	7時	8時	9時	10時	11時	12時	13時	14時	15時	16時	17時	18時	19時	20時	21時〜
書き方の例	起きる	朝食トイレ	食器洗い	宿題	ダンス教室	→	帰宅昼食	テレビ	パソコン	買い物	帰宅	調理の手伝い	夕食	歯みがき入浴	テレビ	寝る
記号	○	○	●	■	*	*	○	*	*	●	●	●	○	○	*	○
学校へ行く日																
記号																
休みの日																
記号																

2 自分が している 家庭の 仕事

(1) 家庭では，どんな 仕事を しているか

下の絵で，いつも 決まって 自分が していることには◎を，たのまれら することには，○をつけましょう。

食器洗い　　ごみ出し　　カーテンを閉める　　風呂洗い

(2) 家庭の 仕事をする ときや した後の 気持ちを 話し合ってみよう

家庭で 自分の役割を 持とう！

3 家庭の 仕事と 役割

(1) いろいろな 家庭の 仕事

　健康で 気持ちよく 過ごすためには，下の絵のような たくさんの 家庭の仕事が あることを 知っていますか。
　家族のみんなが 役割を持ち，はたしています。もし，家庭の 仕事を しなかったら，どうなるでしょうか。

衣生活
- 洗たく物干し
- ボタンつけ
- くつ洗い
- 衣装箱に防虫ざいを入れる

食生活
- 買い物
- 配膳
- 冷蔵庫の整理
- 生ごみを かたづける

住生活
- 掃除機をかける
- ふとん干し
- 家の庭の雑草を ぬく
- 電球を交換する

そのほか
- お金をおろす
- ペットの世話を する
- 水やりをする
- 治療する

(2) 新しい 家庭の 仕事に チャレンジしてみよう

　新しい仕事をするときは どんなことに 気をつければよいのか, 家の人から, 教えてもらいましょう。

4 「ありがとう」を 伝えよう

　家族や 地域の 人々は, 助け合い, 協力して 生活をしています。できるようになったことを 生かして, ありがとうを 伝えましょう。

◎だれに伝える？
　お母さん　　お父さん　　おばあちゃん
　おじいちゃん　　お兄さん
　お姉さん　　指導員さん
　ヘルパーさん……

◎どのように伝える？
　手紙を書く
　プレゼントをする
　役立つことをする

学習のふり返り

★家には どのような 仕事が あるか わかりましたか。
★自分ができる 仕事は ふえましたか。
□これから 家庭で どんな役割を していきたいですか。
●

家庭で 自分の役割を 持とう！

3 いろいろな お店を 知ろう！

学習のめあて
- 学校の まわりに どんな お店が あるかを 知る。
- お店の 名前などを 調べ，まとめる。

1 何の お店？（下からお店を選んで 書いて みよう）

〔　　　　　　　〕　〔　　　　　　　〕

〔　　　　　　　〕　〔　　　　　　　〕

（パン屋，スーパーマーケット，洋服店，美容院）

2 だれが はたらいているかな？（線を ひこう）

3 町探検を しよう

知っている お店は あるかな。

4 お店 調べを しよう

(1) インタビューカードづくり
・お店を 決める。
・インタビュー することを 決める。

(2) 写真を 撮る

写真を 撮って よいか、お店の 人に 確認しましょう。

(3) インタビュー
・開店している時間は？
・おすすめは？　など

(4) まとめる

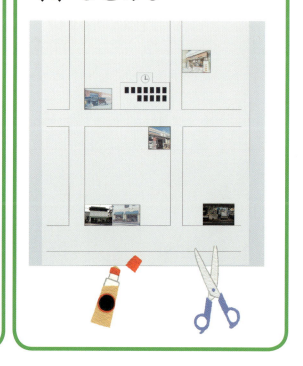

5 いろいろな 人に 見てもらおう

　プリントにして，家の人や 友だちに くばっても いいですね。

学習のふり返り

★学校の まわりには どのような お店が あるか わかりましたか。
□ほかの班は どのような お店を 調べましたか。
●
●
※家の まわりには どのような お店が あるか，家の人と いっしょに 調べてみましょう。

4 衣服を きれいにしよう！

学習のめあて
- 衣服の 手入れの しかたを 知る。
- アイロンかけと たたみ方を知り，挑戦する。

1 きれいな 衣服

きれいな 衣服のほうを ○で かこみましょう。

2 衣服の 手入れ

いつも 同じ 服を 着ていたら，よごれちゃった。

服が しわだらけ！

> きれいな 衣服を 着続けるには 手入れが 必要です。
> どんな 手入れのしかたが あるのかな？

(1) 洗たく

毎日の手入れ
- 洗たく機
- 手洗い
- 干す

特別な手入れ
- 染みぬき
- クリーニング

衣服を きれいにしよう！

(2) アイロンかけ

> しわを のばしたい とき

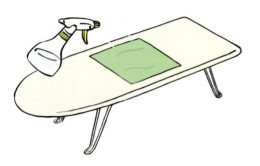

(3) たたむ

> Tシャツを たたむ とき

> かんたん

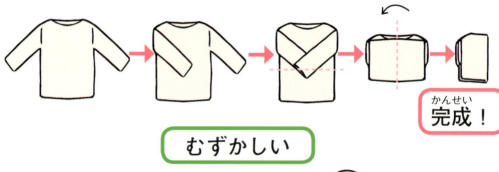

完成！

> むずかしい

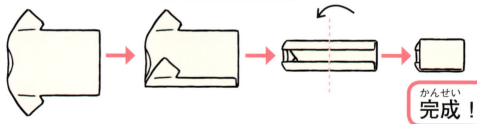

完成！

(4) しまう

Tシャツ, ズボン, 下着など, 分けて入れる

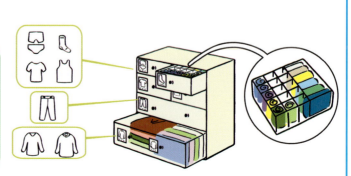

３ ハンカチの アイロンかけに 挑戦！

❶アイロンを 高温にする

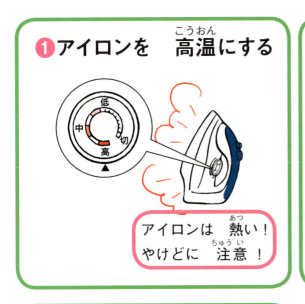

アイロンは 熱い！
やけどに 注意！

❷霧吹きで 湿らせる

❸赤→青の 順番で アイロンを かける

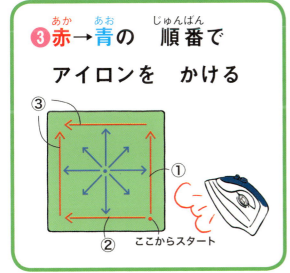

ここからスタート

❹たたむ

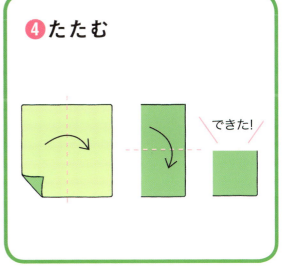

できた！

学習のふり返り

★いつも きれいな 衣服を 着るための 衣服の 手入れのしかたは わかりましたか。
★Tシャツを たたむことと ハンカチの アイロンかけは じょうずに できましたか。
※やけどに 注意して，家でも たくさん 練習をして みましょう。

衣服を きれいにしよう！

5 洗たく 名人に なろう！

学習のめあて
・洗たく機を 使って 洗たくをする。
・しあがりを 観察する。

わたしたちが 着ている衣服は，ほこりや どろ，食べこぼしなどで よごれます。また，からだから 出る あせや あぶら，あかなども つきます。よごれたままに していると，においや カビが 発生したり，あせを 吸収しにくくなります。洗たくをして 清潔にしましょう。

1 洗たく機

洗たく機は，一度に たくさんの 洗たく物を 洗うことができます。大きく 分けると 縦型（うず巻式）と ドラム式の 2種類が あります。どちらも，洗たく物を 入れて ボタンを おすと 洗い方のコースや 洗ざいの 適量が 表示されます。

洗たくが 終わると，ブザーやメロディの 音で 知らせてくれます。

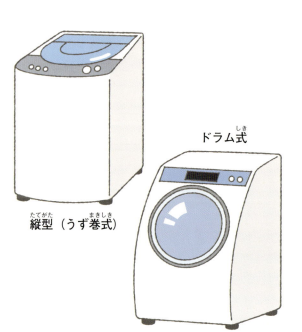

縦型（うず巻式）

ドラム式

2 洗たく機を 使ってみよう

(1) 準備

■洗たく物

■洗ざい
- 液体洗ざい
- 柔軟ざい
- 酸素系漂白ざい

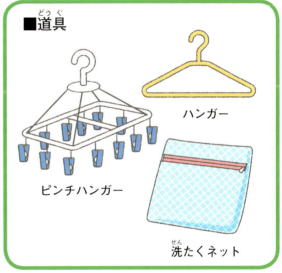

■道具
- ハンガー
- ピンチハンガー
- 洗たくネット

(2) 洗ざいを使うときの 注意

　洗ざいを 入れすぎると, すすぎが 不十分になり, 洗ざいと よごれが 洗たく物に 残ってしまいます。また, 川や海などの 水をよごす 原因になります。適量を 使用しましょう。

洗たく 名人に なろう！

(3) 手順

1 確認 →	2 前処理 →	3 洗たく機にかける →	4 干す
❶ポケットの中  ❷洗たく表示  ❸よごれの種類  あぶらよごれ  どろよごれ  あせじみ	えりやそで口などのよごれがひどい部分には，洗たくする前に洗ざいをぬり，なじませる。 洗ざいだけではおちないよごれには酸素系漂白ざいを使用する。 	❶電源ボタンをおす。 ❷コースを選ぶ。 ❸スタートボタンをおす。 ❹洗ざいを入れる。必要におうじて，柔軟ざいも入れる。 ❺ふたをする。 かざりのある物や型くずれしやすい衣服は洗たくネットに入れて洗う。 	脱水後，すぐに取り出し，しわをのばして干す。  型くずれが心配なセーターなどは，平干しにする。 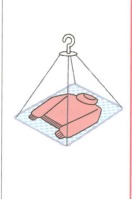

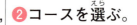
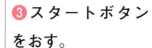

3 しあがりを 見てみよう

すっきり！さっぱり！においもよごれもおとせたかな？

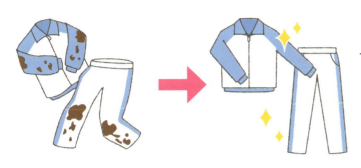

におい、どろよごれのおち、はだざわりなどの感触はどうかな？

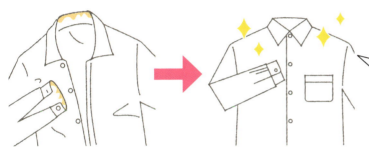

そで、えりの黒ずみは、おちたかな？

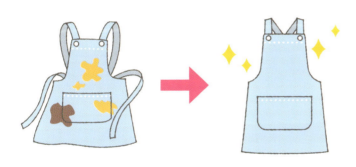

しみは おちたかな？

学習のふり返り

★洗たく機の 使い方が わかりましたか。
☐清潔で 気持ちよく 着るために、成功したこと、失敗したこと、気がついたことなど 感想を 書きましょう。また、書いたものを 発表し合いましょう。

-
-
-

洗たく 名人に なろう！

6 布の 小物を つくろう!

学習のめあて
- 小物づくりをし，完成させる。
- 日ごろ お世話になっている 人に プレゼントを おくる。

1 布で できている 物

身近にある 物の 中で，布で できている物は 何でしょう。

書いてみましょう。

- どんな物？ _____
- かたちは？ _____
- 大きさは？ _____
- 色は？ _____

布で 小物を 自分でも つくってみよう！

2 小物づくりの 準備

　ポケットティッシュケースづくりに 必要な 道具や材料をそろえましょう。

■道具
- 針
- 糸
- 糸切りばさみ
- 定規
- チャコペンシル

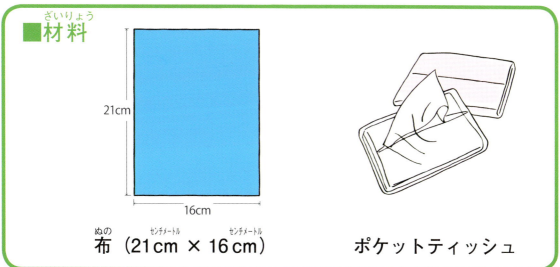

■材料
- 布（21cm × 16cm）
- ポケットティッシュ

布の 小物を つくろう！

３ ポケットティッシュケースを つくろう

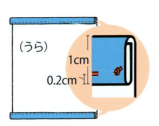

❶ 布のはしを３つ折りにし，0.2cmのところをなみぬいでぬう。

❷ 表を上に返す。

❸ 半分に折る。

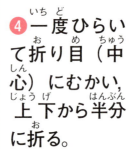

❹ 一度ひらいて折り目（中心）にむかい，上下から半分に折る。

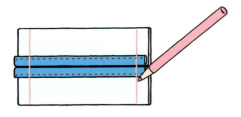

❺ チャコペンシルではしから1cmにしるしをつける。

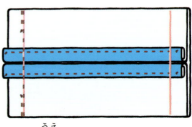

❻ しるしの上はなみぬいで，ぬい始めとぬい終わりは返しぬいでぬう。

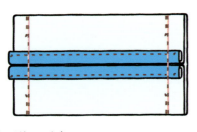

❼ 反対側も同じようにぬう。

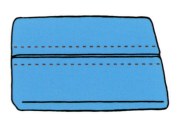

❽ ひっくり返して完成！

4 プレゼントを おくろう

(1) つくった 作品を だれに おくるか 考えよう

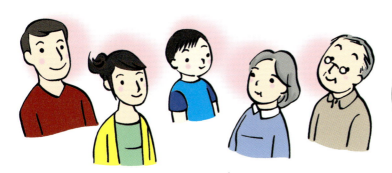

だれに プレゼントをおくりますか?

(2) プレゼントの 準備をしよう

ラッピングをして手紙を用意しましょう!

(3) プレゼントを おくろう

　自分で つくった物を, お世話になっている 人に プレゼントしましょう。日ごろの 感謝の 気持ちを 伝えられると よいですね。

学習のふり返り

★小物づくりが できましたか。
□ポケットティッシュケースを つくった 感想を 書いてみましょう。 じょうずに できたこと, むずかしかったことを, みんなで 発表して みましょう。
□プレゼントを おくった 相手に, 感想を 聞いてみましょう。
●

布の 小物を つくろう！

7 バランスのよい 食事をしよう！

学習のめあて
- 食事の 役割，バランスのよい 食事の 大切さがわかる。
- 食品の 保存の しかたがわかる。

1 食事の 役割

2 栄養を 学ぼう

いつも 食べている 食品は、6つのグループに 分けることができます。毎日を 元気に 過ごすために、6つの グループの 食品を バランスよく 食べましょう。

食品の 分類（6つの 基礎食品群）

- 6群 おもに脂質を多く含む
- 1群 おもにたんぱく質を多く含む
- 5群 おもに炭水化物を多く含む
- 2群 おもに無機質を多く含む
- 4群 おもにビタミンCを多く含む（そのほかの野菜・果物）
- 3群 おもにビタミンAを多く含む（緑黄色野菜）
- エネルギーになる
- からだをつくる
- からだの調子を整える

やってみよう　一週間の 昼食調べ

	昼食		
月			
火			
水			
木			
金			
土			
日			

ご飯や パンを 食べた→黄色
野菜や 果物を 食べた→緑色
肉や 魚、卵を 食べた→赤色
の四角の 中に ○を つけよう！
上の表を 見ても よいです。

バランスのよい 食事をしよう！

③ 野菜や 果物を 食べよう

　一週間分の 昼食調べの 記録表を見て, 緑色に○が 少ない人は いませんか。野菜や 果物を 食べると, かぜを ひきにくい 元気な からだ になります。すききらいを なくして, いろいろな 食品を 食べるようにしましょう。

(例) どっちの パンを 食べる？
チョコパン　ピザトースト
私は チョコパンが いいな〜
チョコパンも おいしいけど, ピザトーストだったら, 野菜も 食べられるよ！

①どっちのラーメンを 食べる？
めんだけ　野菜を加える

②朝ご飯の デザートは？
フルーツヨーグルト　ケーキ

やってみよう

　みんなが 食べている 給食は, 栄養のプロである 栄養士さんが 考えています。健康的で 元気の出る 食事は どんなものか, 栄養士さんに 話を 聞いてみましょう。

4 食品の 安全な 保存

スーパーマーケットなどで 買った 食品は, すぐに 冷蔵庫に 入れて 保存しましょう。

また, 賞味期限や 消費期限を 確認して, 使うことも 大切です。

消費期限	賞味期限
消費期限 15.4.9 製造所固有記号　H/OSX	賞味期限 16.11.4 製造日　16.10.11 製造所固有記号　A
この日までに食べましょう。	この日まではおいしく食べられます。

自分で つくった 料理も 正しく 保存しましょう。

安全　保存の方法
① きれいな入れ物に入れる。
② 冷ましてから容器に移して冷蔵庫へ。
③ 温めて食べる。

正しく 保存しないと, おなかをこわしたり, 具合が 悪くなったりします。気をつけましょう。

学習のふり返り
★ 食事の 役割, 栄養の大切さが わかりましたか。
★ 食品の 保存方法が わかりましたか。

バランスのよい 食事をしよう！

8 ピザパーティーを 開こう！

学習のめあて
・安全に 注意して 調理する。
・パーティーを 計画して 実行する。

1 おいしいピザ

みなさん，ピザを 食べたことは ありますか。

どんな味？
どこの国の食べ物？
どんなかたち？
何が入ってるの？
どこで食べたかな？
わたしの好きなピザは？

ピザは，イタリアの料理で，小麦粉から つくった 生地の上に，具を 並べて 焼いたものです。

おいしいピザを つくってみましょう。

2 ピザ生地を つくろう

ピザ生地をつくる 道具や 材料を そろえよう。

(1) 材料を 準備しよう

■材料（ピザ生地2枚分）

強力粉220g

ぬるま湯120mL

塩3g

オリーブオイル4g

ドライイースト3g

(2) 道具を 準備しよう

■道具

ボウル

計量カップ

ふるい

計量スプーン

ふきん

めんぼう

(3) ピザ生地を つくろう

❶ボウルに 強力粉を ふるい，塩，ドライイーストを 加えてまぜる。

❷オリーブオイルと ぬるま湯を 少しずつ 入れて まぜる。

❸生地が なじむように こねる。

❹生地を まるめて，表面が なめらかになるまで ボウルの そこに 打ちつける。

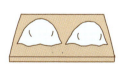
❺生地を 2つに 分けて，ぬれふきんをかけて 20分間 くらいおいておく。

❻生地を すきな 大きさに うすくのばす。

ピザパーティーを 開こう！

3 ピザを つくろう

(1) 具材を 準備しよう

ピザ生地が できたら, すきな具材を 準備しよう。

(2) 具を 盛りつけよう

ピザ生地に ピザソースを ぬって, すきな具と チーズを のせていきましょう。

❶ピザ生地に トマトソースをぬる。　❷具材を のせる。　❸最後に チーズを のせる。

(3) ピザを 焼こう

オーブンを 200℃にして, 15分間 焼きます。

> **注意**
> ピザを取り出すときや スイッチを切った後 も, しばらくは熱いの で注意しましょう。

4 パーティーを 開こう

(1) 準備を しよう

みんなで ピザパーティーを 計画してみましょう。かざりつけや 食器の 準備など, 友だちと 仕事を 決めて 協力して 開いてみましょう。

(2) お客さまを 招待しよう

招待状を 書いて, お客さまを 招待しましょう。

(3) さあ, パーティーを 始めよう

みんなで お話ししながら ピザを 食べて 楽しみましょう。

お客さまに 喜んでもらえると よいですね。

学習のふり返り

★安全に ピザを つくることが できましたか。
□ピザパーティーの 感想を 書いてみましょう。じょうずにできたこと, むずかしかったこと, 次に チャレンジしてみたいことなどを 発表してみましょう。お客さまの 感想も 聞いてみましょう。
(例) ピザが おいしかった。パーティーが 楽しくできた。お客さまに 喜んでもらえた。

9 じょうずな 買い物を しよう！

学習のめあて
・ほしい物を 買うために 必要なことや 注意点がわかる。
・買い物を する前に 相談することが できる。

1 買い物を 楽しもう

みなさんは，今，何かほしい物は ありますか。ほしい物を 買うためには お金が 必要です。何にどのように お金を使うのか，これまでの 買い物を 思い出しながら，まとめてみましょう。

- 今，ほしい物は 何か。お金をどのように使う？
- これまで 買った物は 何だろう。どこで 買ったか。
- 今ほしい物は いくらかな？

2 じょうずな 買い物を するために

(1) 買って よかった物, 悪かった物

買って 後悔しないように, ほしい物リストを つくりましょう。

①ほしい物を リストアップする。
②買ったら チェックをする。
③ほしくなくなったら, 線をひいて消す。

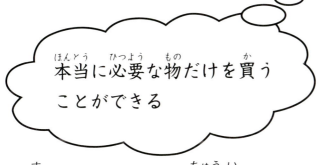

本当に必要な物だけを買うことができる

(2) 買い過ぎないための 注意

①本当に 必要な物かどうかを 考えてから 買おう。

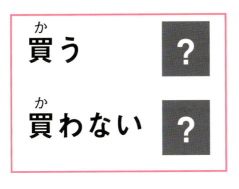

②買う前に, まず家の人に 相談しよう。
③自分の お金が どれだけあるか, きちんと 管理しよう。

じょうずな 買い物を しよう！

3 よくて 安い物を 買うためには？

(1) お買い得な お店を さがす

　同じ商品なのに、お店によって 値段がちがうのを 見たことは ありませんか。同じ商品を 買うなら、安い物を 買ったほうが お得です。

　ほしい物は、その場で すぐに買うのではなく、ほかのお店を見て 値段を比べて 買うようにしましょう。

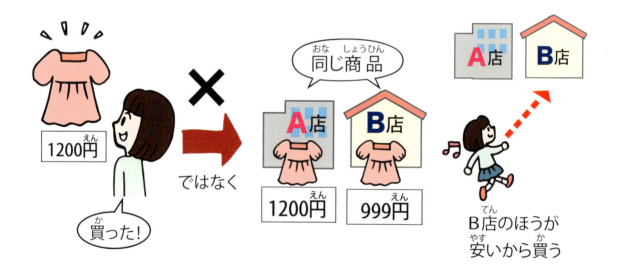

(2) 通信販売

　お店に 行かなくても、テレビや インターネットを見て、ほしい物を 電話や インターネットで 注文し、購入できます。

通信販売を 利用するときの 注意点！

①実物を 直接 確認できないので，思っていた物と ちがう物が 届くことがある。
②お金を 先に はらわせて，商品を 送らない 会社もある。

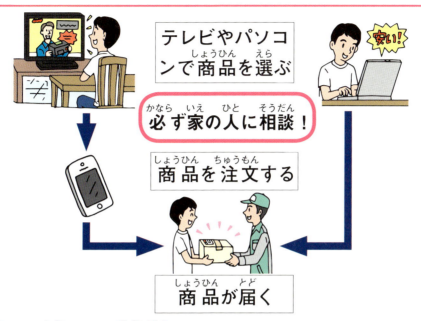

4 買う前に 相談しよう

　商品を 直接見ないで，テレビや インターネット，カタログなどで 買い物をすることは，危険があります。ほしい物があるときは，一人で決めずに，必ず家の人にたのんだり，相談したりしてから 買い物をしましょう。きっと，ほしい物が じょうずに 買えるはずです。

学習のふり返り

★じょうずな 買い物を するために 必要なことや 注意点が わかりましたか。

＊買い物を する前に 必ず，家の人に 相談し，じょうずな 買い物を しましょう。

10 お店で 実習をしよう！

学習のめあて
- 髪や服装を 整えることが できる。
- お客さまに 元気に あいさつが できる。

1 スーパーマーケットで 実習をする

　学校や家の 近くの商店街には，食べ物屋，コンビニエンスストア，スーパーマーケットなど いろいろな お店が あります。将来，大人になったら，どんなお店で はたらきたいですか。

　コンビニエンスストアや スーパーマーケットには いろいろな 商品があります。お客さまも 多いですね。スーパーマーケットで，はたらいてみたいですか。

2 実習の 内容

(1) どの売り場で はたらきたいか

　スーパーマーケットには，野菜，果物，おかず，魚，肉，パン，お菓子，飲み物など 多くの 商品売り場が あります。みなさんは，どの売り場で はたらきたいですか。はたらきたい 売り場と，選んだ 理由も 書いて みましょう。

はたらきたい 売り場

（　　　　　　　　　　　　　　　　　　　　　）

選んだ 理由

（　　　　　　　　　　　　　　　　　　　　　）

(2) スーパーマーケットの 仕事

　売り場には，大切な 仕事が いろいろあります。
① 商品を並べる。
② 大きな声で お客さまに あいさつする。
③ 買った お客さまに お礼を 伝える。
④ 買い物かごを 整理する。
⑤ 掃除や かたづけをする。

お店で 実習をしよう！

3 実習で 大切なこと

(1) じょうずに あいさつが できるようになろう

お店で 実習をするときには、髪や服装などの 身だしなみを 整えることが 大切です。

お客さまへは、

①姿勢を正して、笑顔で
②元気な声で
③「いらっしゃいませ」と
④おじぎをしながら

ていねいに あいさつを しましょう。

(2) 喜ばれる行動

高齢者や 妊婦さんや 小さな子どもも、お店に来ます。何か 困った様子の 人を 見かけたときは、笑顔で、「何か お困りですか」と、声をかけてみましょう。

そして、聞いたことは、お店の人へ 伝えましょう。

お客さまへの 思いやりは 大切なことです。

4 活動を 発表しよう

(1) 実習の 記録

お店で 実習した後に, 自分の 活動を 記録して みましょう。

＜実習の記録＞

実習した 売り場は?			
実習の 内容は?			
髪や服装など 身だしなみを 整えた	できた	少しできた	できなかった
「いらっしゃいませ」と明るく, 元気な声でいえた	できた	少しできた	できなかった
「ありがとうございました」と 感謝の 気持ちを 伝えることができた	できた	少しできた	できなかった

(2) 発表会

自分と 友だちの 「実習の記録」と, 実習した 感想を 発表し合いましょう。

あいさつが じょうずに できた人は, そのときの 気持ちを 伝えましょう。また, あいさつが できなかった人は, できなかった 理由を 考えてみましょう。

学習のふり返り

★髪や服装を 整えることが できましたか。
★お客さまに 元気に あいさつが できましたか。
※学校や 家の人の前で, あいさつを 練習しても よいですね。

お店で 実習をしよう!

11 高齢の方と お話ししよう！

学習のめあて
- 高齢者の 特徴が わかる。
- 高齢者に 対して 思いやりの 気持ちを 持つ。

1 高齢者って どんな人？

　65歳以上の 人を 高齢者といいます。身のまわりに 高齢者がいる人は いますか。その人たちは どんな人たち でしょうか。

近くのものが見えにくい

いろいろなことを知っている

耳が遠い

筋力が弱い

2 高齢者が 集まる施設に 出かけよう

(1) 施設を たずねよう

みなさんが考える 高齢の方とは どのような 人たちですか。

実際に会って お話をしてみては どうでしょうか。高齢の方たちが 集まる施設を たずねてみましょう。

(2) あいさつ

施設に 行ったら，まず あいさつをします。

あいさつでは，
① 名前
② どこから 来たのか（学校名）
③ 何を しに来たのか
を 必ず 伝えましょう。

あいさつの後は，合唱や合奏など，学校で勉強していることを発表すると，自分たちのことを もっと伝えることができます。

高齢の方と お話ししよう！

3 話したり，遊んだり しよう

(1) 話を しよう

　高齢の方は，友だちとは ちがい ずっとずっと 年上の 人です。どんなことが，話しやすいか，自分が 聞いて みたいことなどを 考えてみましょう。

どんな子どもだったのですか

今，すきなことはどんなことですか

(2) いっしょに 遊ぼう

　お手玉や，折り紙，手遊び歌など，昔からある 遊び を やってみたり，学校で習った どうようを うたって みたり，いっしょに 楽しんでみましょう。

お手玉，じょうずにできるかな？

いっしょに歌ってみよう！

4 訪問を ふり返って

(1) どんな話が できた？

施設から 帰ってきたら，高齢の方と どんな話を したのか，遊びをしたのか ふり返って まとめましょう。

□どんな話を聞いたり，遊びをしたりしたかを書こう。

(　　　　　　　　　　　　　　　　　　　　　　)

□話を聞いたり 遊びをしたりして 思ったこと，感じた ことを 書こう。

(　　　　　　　　　　　　　　　　　　　　　　)

(2) お礼の手紙を 書こう

お世話になった 高齢の方に お礼の 手紙を 書きましょう。読みやすい 大きさの 字で もらってうれしい 手紙にしましょう。

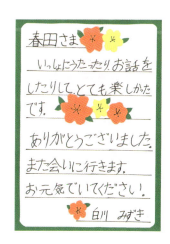

学習のふり返り

★高齢者の 特徴が わかりましたか。
★高齢者に対して，思いやりの 気持ちを 持つことが できましたか。
□高齢者といっしょに過ごして 思ったことや，感じたことを 書きましょう。
●

高齢の方と お話ししよう！

12 カレーライスを つくろう！

学習のめあて
・カレーライスの つくり方を知る。
・ほうちょうなどの 調理器具の 安全な 使い方を知る。

1 日本の カレー

　日本では，昭和の 初めごろから，地方によって いろいろなカレーが 食べられてきました。地元でとれる 野菜や魚，肉を 使って，自分が食べたい カレーを つくってみましょう。

日本各地のカレー

北海道のスープカレー

香川県のいのししカレー

島根県のさざえカレー
（資料提供：貝の王国 隠岐の島）

2 カレーライスの つくり方

カレーを つくる 道具や 材料を そろえましょう。

(1) 材料を 準備しよう

たまねぎ　にんじん　水　油　ご飯
じゃがいも　カレー用の肉　カレールウ

(2) 道具を 準備しよう

ほうちょう　ピーラー（皮むき器）　木べら
まな板　なべ　たまじゃくし

安全

■ピーラーを 安全に 使おう

野菜の皮を むくときは，ピーラー（皮むき器）を 使うこともできます。

ピーラーも ほうちょうと 同じ「刃物」なので，けがを しないように，まな板の上に 野菜を おいて 使うなど 安全に 注意して 使いましょう。

刃が手にあたらないようにする

カレーライスを つくろう！　49

(3) カレーを つくろう

❶野菜は 皮をむき、食べやすい 大きさに 切って、いためる。

❷水を加えて、野菜が やわらかく なるまで にる。

❸火をとめ、ルウを 割り入れ、まぜながら とかし、5分間にこむ。

> **安全**
>
>
>
> じゃがいもの 芽や 緑色の部分には、からだによく ない 成分が 含まれているので、皮をむいた 後に、ほうちょうを使って、くりぬくように取り除きましょう。

> **安全**
>
> ### ほうちょうの 扱い方
>
> - ほうちょうを 運ぶときは、ケースに 入れて 運ぶ。
> - ほうちょうを 使うときは、必ず まな板も使う。
>
>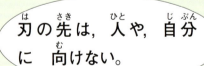
>
> - 刃の先は、人や、自分に 向けない。
> - ほうちょうは 安定したところに おいて、落ちないようにする。
>
> ### ほうちょうの持ち方
>
>
>
> えを しっかりにぎる。
>
> ### 食品のおさえ方
>
>
>
> 指先は のばさず 丸めて 食品を おさえる。

2合の ご飯を 炊いてみよう

❶米の量をはかる

米用の 計量カップで すり切り 2杯分の米を はかる。
※米用の 計量カップ2杯で 2合分です。

❷水で洗う

水を入れて ぬかやごみを 洗い落とす。
2・3回 水を かえながら 洗う。

❸炊飯器にセットする

炊飯器の 目盛りに 合わせて 水を 入れ, 炊飯 ボタンを おす。

3 カレーライスを みんなで 食べよう

みんなで つくった カレーライスを, どのおさらに 盛りつけますか。

盛りつけたら, みんなで 食べましょう。調理のときに がんばったことなども 話し合ってみましょう。

学習のふり返り

★カレーライスの つくり方が わかりましたか。
★ほうちょうなどの 調理器具を 安全に使うことができましたか。
☐調理の中で うまくできたことを 発表してみましょう。また, ほうちょうの 扱い方について, みんなで 確認しましょう。

カレーライスを つくろう！

13 小さな 子どもと 遊ぼう！

学習のめあて
・子どもに やさしく接する。
・自分の 成長を ふり返る。

1 自分の 成長を ふり返ろう

今の自分は 下の表では どの絵のところにいますか。小さいころは，どこに 通っていましたか。自分のこれまでのことを ふり返ってみましょう。

今の自分は どこですか？		自分が 生きてきたところまで，	
誕生日は？			学校の名前は？
年　月　日		保育園 幼稚園	小学校

2 子どもの 成長

(1) どんなふうに 大きくなるのだろう

成長には 個人差が ありますが，順番も あります。

(2) 子どもは どんなことが すきだろう

自分が すきだった 遊びは どれですか。思い出して みましょう。

赤ちゃんの頃

幼稚園・保育園の頃

下の四角に 色をぬりましょう。

中学校	通いたい学校は？	やりたい仕事は？

小さな 子どもと 遊ぼう！

3 子どもとの ふれ合い

(1) 子どもと かかわるとき，気をつけることは 何だろう

❶ 安全で，動きやすい 服装をする

× ひもや 金属の かざりが ついた服

○ 走りやすい くつ

❷ 健康・衛生面に 注意する

× 長くて よごれた つめ

○ 長い髪は まとめて むすぶ

❸ わかりやすく，ていねいな ことばづかいで 話す

× 大声，乱暴な動き

○ しゃがんで 目線を 合わせる

髪の毛は衛生的に整える

つめが伸びていると危険

走りやすいくつをはく

(2) 新聞紙で つくって 遊ぼう

❶つくってみよう

かぶと, つりざお, 紙飛行機, マント, …など

❷遊んでみよう

4 体験したことを ふり返ろう

子どもの 遊びを やってみて, どのようなことに 気がつきましたか。
話し合ってみましょう。

❶相手が 喜んでくれたこと
❷自分が 楽しかったこと
❸むずかしかったこと

学習のふり返り

★子どもが どのように 成長していくか わかりましたか。
★小さな 子どもと どのように かかわればよいか わかりましたか。
★自分の 成長を ふり返ることができましたか。

14 おしゃれを しよう！

学習のめあて
・おしゃれの 基本を 確かめる。
・自分の すきな おしゃれをして，友だちと 見せ合う。

1 身だしなみを 整えよう

ねぐせはついていない？

下着のシャツは 出ていない？

つめは のびていない？

服は よごれていない？

どんな髪型にしよう？

顔を 洗ってきた？

手は あれていない？

> 鏡で 自分の 身だしなみを 見てみましょう。
> 身だしなみを 整えて，自分のしてみたい おしゃれを してみましょう。

2 おしゃれの 基本

(1) 顔を 洗おう

❶あわ立てる　❷ほお　❸おでこ　❹鼻　❺まぶた　❻水で洗う

(2) 髪型を 整えよう

❶ねぐせのある部分を水でぬらす　❷ドライヤーでかわかす　❸くしでとかす　❹すきな髪型にする

(3) 手足の手入れを しよう

つめを切ろう

❶まっすぐ 切る　❷角を 切る　❸やすりで けずる

※乾燥する 冬は
　ハンドクリームを ぬろう。

おしゃれを しよう！

3 どんなとき，どんな服装をする？

「いつ」「どこで」「何をするか」で 服装は 変えます。
どんなときに どんな服装を しますか。

(1) 学校生活での いろいろな 服装

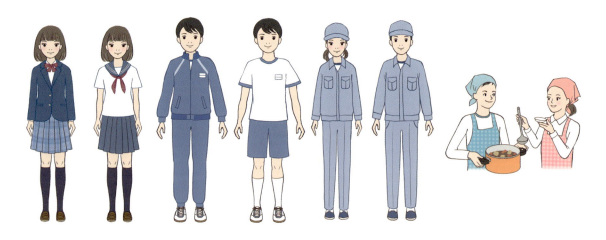

(2) いろいろな場所での いろいろな 服装

季節や 活動に合った 服装が あります。
ほかにも いろいろ 調べてみましょう。

4 おしゃれを 楽しもう

(1) お気に入りの 服装

マユさんが 紹介する お気に入りの 服装を見て，自分の お気に入りを 紹介しましょう。

【いつ・どんなときに 着る？】秋，友だちと 出かけるとき。

【ゴム・ピン】
色：同じピンク色に。

【チュニック】
色：中のTシャツと合わせて秋らしい色に。
たけ：おなかがかくれるくらい。

【パンツ】
色：髪かざりと同じピンク色に。
たけ：動きやすい七分たけ。

【くつ・くつ下】
くつ：はき口が浅いもの。
くつ下：たけが短いもの。

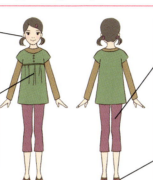

(2) 発表会を しよう

お気に入りの 服を 着て，発表会を しましょう。かっこよく 歩いたり，ポーズを 決めたりしましょう。おたがいに，すてきなところを 見つけましょう。

もっと すてきになるためのポイントが 見つかるかもしれませんね。みんなでおしゃれを楽しみましょう。

学習のふり返り

★おしゃれの 楽しさが わかりましたか。
※発表会の 感想を 話し合いましょう。

おしゃれを しよう！

15 自分の 将来を 考えよう！

学習のめあて
- 自分の キャリアマップを 作成する。
- 自分の 将来について 発表する。

プロサッカー選手とサポーター

書店の店員と買い物をする人

バスの運転手と乗客

調理師と食事をする人

1 将来の 夢や 目標

あなたの 将来の夢や 目標は どのようなものでしょうか。

こんなことをして はたらきたい，こんなことをして くらしたいという 思いを 書いてみましょう。

はたらく		くらす
・ ・		・ ・

2 はたらく 自分

(1) 学校生活で，はたらくことに つながることは，どのようなことが あるだろう

やりがいを 感じたこと，がんばったこと，友だちと 協力したことなどの 経験を 思い出してみましょう。

やりとげたこと，がんばったことに ○をつけましょう。

↓木工作業　↓清掃活動　↑パソコン　↓友だちと協力　↑農作業　製品の販売→

(2) 学校生活や 家庭生活の中で，くらすことにつながることは どのようなことが あるだろう

楽しかったこと，身のまわりの 日課や 習慣などの 経験を 思い出してみましょう。

ふだん くり返し 取り組んでいること，楽しみにしていることに ○をつけましょう。

↓電車やバスに乗る　↓通院　↓あいさつ　↑身じたく　↑食事　↑着がえ

自分の 将来を 考えよう！　61

3 キャリアマップ

あなたは、将来 どのように なりたいですか。その将来と 今の生活は どのように つながっていくのでしょうか。積み重ねた 経験を キャリア といいます。これまでと これからの 経験について キャリアマップをつくり 将来について 考えてみましょう。

<キャリアマップ（例）>

年齢	はたらく自分	くらす自分
13歳（中学1年生）	・作業学習で よう業に 取り組んだ。だんだんじょうずになった。	・バスケットボール部に 入部。初めて シュートを決めた。
14歳（中学2年生）	・作業学習で 農耕に取り組んだ。だいこんを たくさん 収穫した。こんなに 大きく 育ったことに おどろいた。	・学級での調理実習で ピザをつくった。道具の 使い方をおぼえた。みんなで 開いたピザパーティーが 楽しかった。
15歳（中学3年生）16歳（高校生）〜18歳		
19歳（社会人）20歳	・スーパーマーケットで はたらきたい。	・バスケットボールで スペシャルオリンピックスを めざす。

4 自分の 将来について 発表する

　キャリアマップを もとにして 自分の将来について 次の ①と ②を 中心に 発表しましょう。

① 将来の「はたらく自分」は、どんな仕事をしたいか。
　その仕事と、今の自分には どのような かかわりが あるか。

② 将来の「くらす自分」は、どんなくらしを したいか。
　そのくらしと、今の自分には どのような かかわりが あるか。

（例）　将来〜したいのは、今までに〜を したことがきっかけです。
　　　将来〜したいので、今の〜を 生かしたいです。
　　　将来〜できるように、今から〜に 挑戦したいです。

学習のふり返り

★ 自分の キャリアマップを 作成することが できましたか。
★ 自分の 将来について 発表することが できましたか。
□ 友だちと おたがいの 発表の 感想を 話し合ってみましょう。

自分の 将来を 考えよう！

■編集著作者
　　全国特別支援教育・知的障害教育研究会

■監修者
　　岩井　雄一　全国特別支援教育推進連盟副理事長
　　半澤　嘉博　東京家政大学教授
　　明官　　茂　明星大学常勤教授
　　渡邉　健治　東京学芸大学名誉教授

- 表紙デザイン　タクトシステム株式会社
- 本文デザイン　エイエム企画
- 表紙イラスト　かわさき あつし
- 本文イラスト　ありよしきなこ　磯村仁穂　㈲イラストメーカーズ
　　　　　　　（祢津千和子・池和子・futaba）　カモ　キュービック
　　　　　　　かわさき あつし　川野郁代　小鴨成夫　鈴木康代
　　　　　　　たしま さとみ　長嶋道子　本山浩子　福井典子

職業・家庭　たのしい家庭科
わたしのくらしに生かす

平成28年12月20日　発行
令和　5年　4月20日　第7刷

発　行　開隆堂出版株式会社
　　　　代表者　岩塚太郎
　　　　〒113-8608　東京都文京区向丘1-13-1
　　　　電話 03-5684-6116（編集）
　　　　http://www.kairyudo.co.jp/

発　売　開隆館出版販売株式会社
　　　　〒113-8608　東京都文京区向丘1-13-1
　　　　電話 03-5684-6118（販売）

印　刷　壮光舎印刷株式会社

- 本書を無断で複製することは著作権法違反となります。
- 乱丁本・落丁本はお取り替えいたします。